खून की स्याही का हर एक क़तरा भी काफ़ी नहीं,

तुम्हें लिख पाने में।

बिटुपन दास

Made with ♥ on the Notion Press Platform

www.notionpress.com

खून की स्याही का हर एक क़तरा भी काफ़ी नहीं,तुम्हें लिख पाने में/ 2

प्यार और धड़कते दिलों के नाम

कवि के बारे में दो शब्द

बिटुपन दास मूलतः जन्म से असमिया हैं, जिनका जन्म जोरहाट, असम में हुआ था। उन्होंने मैकेनिकल इंजीनियरिंग में अपनी शिक्षा एनआईटी सिलचर से प्राप्त की। बचपन से ही उन्हें हिंदी भाषा के प्रति गहरा लगाव रहा है। वे हिंदी के अलावा अंग्रेज़ी और असमिया भाषाओं में भी अपनी लेखनी का प्रदर्शन करते हैं। उनकी कुछ प्रमुख पुस्तकों के नाम हैं — "सुन ले कोई मेरी क़लम की पुकार'", "वो दिल भी क्या दिल है", "मकुआ", "गुल-ए-इश्क़", "The Dead Poet, And His Lost Poetry" और "No One Killed The Mocking Bird"।

वर्तमान में वे अंग्रेज़ी भाषा में दो उपन्यासों पर कार्य कर रहे हैं। भविष्य में उनका सपना एक सफल लेखक और फिल्म निर्माता बनने का है।

वर्ष 2018 में उन्हें "स्पिलवड्र्स प्रेस अवाड्र्स" से सम्मानित किया गया था।

आप उनसे यहाँ संपर्क कर सकते हैं:

Instagram: Writerseden

Email ID: bitupondas123@gmail.com

पुस्तक के बारे में

यह पुस्तक प्यार, टूटे दिल और बिछड़ने की पीड़ा के बारे में है। इसमें मैं अपने बिखरे हुए दिल के टुकड़ों को समेटने की कोशिश कर रहा हूँ और छोटी-छोटी शायरी और कोट्स के रूप में उन्हें कागज़ पर उतार रहा हूँ। यह कोई मेरी उत्कृष्ट रचना नहीं है, लेकिन यह मेरे लिए मेरे प्रिय बच्चे के समान है — जैसे कोई अपने बच्चे से प्रेम करता है, वैसे ही मैं इस किताब से करता हूँ। हो सकता है आप इससे खुद को जुड़ा हुआ महसूस करें, और ऐसा लगे कि यह किताब आपकी ही कहानी कह रही है।

खून की स्याही का हर एक क़तरा भी काफ़ी नहीं,

तुम्हें लिख पाने में।

कलम में भरे सागर की लहरों की उछाल भी काफ़ी नहीं,

तुम्हारे इश्क़ को माप पाने में।

तेरी आँखों से

सुकून की बारिश बरसे मेरी रूह में।

तू कभी आँखों की जिस्म से इशारे तो कर,

मैं हमेशा के लिए ही खो जाऊँ तुझ में।

दुनिया में कितने सारे चेहरे हैं,

मगर मेरी नज़र तुझ पे ही आकर रुकी।

दुनिया में कितने सारे नाम हैं,

मगर मुझे तेरा नाम पढ़ना ही पसंद आया।

तुम कभी मुझे भी अपना मानो ना,

तुम कभी मेरा नाम भी बोलो ना।

मैं कुछ तो लिखूँ,

ताकि तेरे दिल के साथ उड़ सकूँ।

मैं कुछ तो पढ़ूँ,

ताकि तेरी आँखों की जुबां समझ सकूँ।

मैं कुछ तो करूँ,

ताकि तेरे इश्क़ में फना हो सकूँ।

तुम कुछ न बोलते हुए भी,

सब कुछ बोल देती हो।

नज़रें हटा के,

क्या मेरे इश्क़ को तौलती हो?

हँसने का मौसम आये तो हँस लेना चाहिए,

मौसम बदलने से भी,

हँस के मौसम बदल देना चाहिए।

गहरा ये इश्क़ है,

मगर कोई दिखाता नहीं।

खामोशियों की जुबां,

बातों से कोई बोलता नहीं।

इश्क की नदी में बहना था,

मुझे सागर हासिल हुआ।

मुझे तुम चाहिए थी,

तुम्हारी हर एक सांस हासिल हुई।

तू अपनी आँखों से,

सपनों की किस दुनिया में ले चला,

जिसमें नींद भी जागते हैं,

हर पल ख़याल होता है तेरा।

नदी में तैरना होता है,

ना कि बहना।

इश्क़ में ठहरना होता है,

ना कि दौड़ना।

तुम्हारी आँखों में देखा,

और शायरी में नशा घुल गया।

महफ़िल में शायरी पढ़ी,

और नशे में महफ़िल झूमने लगी।

दिल में कुछ अल्फ़ाज़ संभाल के रखे हैं,

क्या तुम मेरी शायरा बनोगी?

और इसका जवाब क्या होगा,

शायरी में क्या तुम बोलोगी?

तुम मेरे सपनों में सपना बनना,

मैं तुम्हारे अपनों में अपना बनूँगा।

मेरे इश्क़ में

शायद और इश्क़ भरना बाकी है।

मैं तेरे करीब हूँ,

शायद और करीब आना बाकी है।

मुझे तुमसे प्यार कितना,

काश शब्दों में बता पाता।

तेरे बिना ज़िन्दगी कैसी होगी,

काश जी के बता पाता।

चुपके से तेरी आँखों की जुबां पढ़ता हूँ,

काश ये दिल समझ पाता।

रोज़ सूरज की आग से जलता हूँ,

काश तेरे चेहरे की नूर को दिखा पाता।

आँखों में आंसू हो,

आंसू दिखाना ज़रुरी है क्या?

यादों में तुम हो,

बातों में ज़िक्र करना ज़रुरी है क्या?

मेरे दिल में तुम हो,

तुम्हें दिखाना ज़रुरी है क्या?

तेरे लिए मैं ज़िंदा हूँ,

साँसों में साँस भरना ज़रुरी है क्या?

महबूब की खुशी के बदले, और क्या खुशी,

जैसे शायरी में घुलता कोई रंग हो।

महबूब की चाहत के बदले, और क्या चाहत,

जैसे साँसों में घुलती कोई सुगंध हो।

महबूब की हँसी के बदले, और क्या हँसी,

जैसे ज़िन्दगी के आसमान में उड़ती कोई पतंग हो।

जब मैं लिखना चाहूँ,

तुम्हें ही लिख देता हूँ,

जैसे तुम कोई अल्फाज़ों का ख़ज़ाना हो।

जब मैं हँसना चाहूँ,

तुम्हें ही याद करता हूँ,

जैसे तुम कोई खुशियों का ख़ज़ाना हो।

जब मेरी ज़िन्दगी का सूरज डूबने लगे,

तेरे चेहरे की नूर देख लेता हूँ,

और लगता है नई सुबह की शुरुआत हो।

कलियाँ फूल बन के खिलती हैं,

मगर कोई उन्हें तोड़ लेता है क्यों?

दिल किसी के लिए बेचैन रहता है,

चैन चुराता है कोई क्यों?

इश्क़ अगर रूह से होता है,

तो फिर बिछड़ते हैं क्यों?

ज़िन्दगी जीने के लिए होती है,

फिर भी परेशान रहते हैं जीने के लिए क्यों?

तू मेरे इश्क़ से बेखबर,

मैं सिर्फ इश्क़ की बात करता।

तू खुद में मस्त-मगन,

मैं तेरे ही नाम का जाप करता।

तू कभी मेरा नाम ले ले,

मैं दिन भर उसे ही दोहराता।

तू कभी मेरी तरफ मुस्कुरा दे तो,

मन ही मन सपनों का घर सजाता।

मुझे इज़ाज़त दो, तुमसे इश्क़ करने को।

तुम्हें भी इश्क़ होना चाहिए।

हवाओं में इश्क़ घोल दूँगा मैं,

तुम्हें भी साँसों में भरना आना चाहिए।

तुम तो मुस्कान से शायरी लिखवाते हो,

तुम्हें भी शायरी के अल्फ़ाज़ समझ आना चाहिए।

मेरी कलम से लिखी हुई दास्तान,

स्याही बन के तुम्हें भी कागज़ पर उतारना आना चाहिए।

मेरे पत्रों को,

उनके दिल का पता मिल गया।

मेरे एहसासों को,

उनके इश्क़ की ख़बर हो गई।

मेरे शब्दों को,

उनके गीतों के सुर मिल गए।

अब हम उड़ने लगे हैं,

देखो एक-दूसरे के ख़यालों में।

जहां तू खुश रहे,

उसी ओर से मेरा सफ़र हो।

मैं इश्क़ के बोल बोलूंगा,

क्या तू सुर देकर गीत बनाएगा?

मैं प्यार की मिट्टी लाऊंगा,

क्या तू उसे मूरत बना देगा?

मैं रोज तुझे पूजूंगा,

क्या तू रब सा प्यार देगा?

मैं एक मकान बनाऊंगा,

क्या तू उसे घर बना देगा?

समंदर गहरा है,

डूबने का डर नहीं।

हाथ में मोती आएगा,

पत्थर नहीं।

ऐसा नहीं कि तुम्हें,

खोने का ग़म नहीं।

मगर इश्क़ खुदा है,

इसे पूजने का कोई मलाल नहीं।

दुनिया में और क्या चाहिए

तुम्हारे सिवा।

अब ये आँखें और कुछ क्यों देखें

तुम्हें देखने के बाद।

तुम अब कैसे तुम हो,

मैं भी अब मैं कहाँ रहा।

यह इश्क़ है,

इश्क़ में जन्नत की बारिश होती है,

रेगिस्तान में भी हाँ।

मैं होंठों पे तुमको गीत बना के रख लूं,

तू गीतों को हँसना सिखा देना।

मैं तुमको तुमसे चुरा लूं,

तो मुझे मुझसे मिला देना।

मैं ज़िंदगी को ज़िंदगी बना दूं,

तू ज़िंदगी को मुझमें भर देना।

मैं तुम्हें अपना बना लूं,

तू मुझे अपनों में अपना बना देना।

मैं तुम्हें दिन भर देखूं,

फिर भी जी नहीं भरता।

मैं तुमसे दिन भर बातें करता रहूं,

न जाने क्यों हो नहीं पाता ।

मैं तुम्हें गले से लगा लूं,

न जाने क्यों तुम्हारे करीब आ नहीं पाता।

मैं तुम्हें सपनों में बे-सुमार प्यार दूं,

न जाने क्यों हक़ीकत में हो नहीं पाता।

आँखों से जो कह दी बात

लबों से क्या ख़ैरियत पूछे।

छत से चाँद को देखना अच्छा लगता है,

दूर ही सही, मगर

आँखों में भरना अच्छा लगता है।

उनकी छवि दिल में रखना अच्छा लगता है,

अगर दूसरों के लिए ही हो, मगर

उन्हें हँसते हुए देखना अच्छा लगता है।

तेरे इशारों से शब्दों के दिल धड़के मेरा

तू कुछ जादू तो कर, ताकि ये इश्क़ का घर सजे हमारा

मैंने चाँद को सितारा बनके छूना चाहा

इसी तरीके से धरती को आसमान न हासिल हुआ

तेरी खुशियों का ठिकाना गलत समझता रहा

तू मेरा ही था, दूसरों का समझता रहा

दुनिया जलके राख हो गई

घर से धुआं तक न निकला

घर भी अब घर नहीं रहा

फिर भी उनको पता न चला

कल को चाहने वाले बहुत होंगे

मगर तू नहीं होगा

महफ़िल में प्यार पे प्यार लूटे जाएंगे

मगर तेरा प्यार नहीं होगा

इश्क़ की आग में जलना है,

तो जलना ही सही।

मगर राख नहीं,

हीरा बनके निखरना होगा।

इश्क़ की आग में जलके भी,

होठों पे हँसी लेकर चलना होगा।

तुम ज़िंदगी की भाग-दौड़ में

चलते चले गए,

और मैं रुकता रुकता रहा।

तुम्हें मंज़िल हासिल हुई,

और मैं दुनिया में रहते हुए

दुनिया का हो गया।

दिल टूटा है

आवाज़ तो होगी ही

उन्हें खामोशियों की ज़ुबान पसंद नहीं आई,

और मुझे शोर भरी दुनिया पसंद नहीं आई।

वो शोर के पीछे भागे,

और मैं खामोशियों के पीछे।

अब न वो शोर को अपना कर पाया,

न हम खामोशियों को।

ग़म का एक महल है इस शहर में

और तुम झोपड़ी में खुद की खो गए।

चलो एक शायरी लिखता हूँ

तुम्हें सपनों में जगाता हूँ।

बे-वजह हंसी का गुनाह जो भी हो,

गुनाहगार एक ही है।

दुनिया का ये नज़ारा कल भी देखा था

मगर तेरी नज़र से जब देखा, इसका हुस्न समझ आया।

कुछ बातें लबों से बोलना ज़रूरी होती हैं

जब ख़ामोशियों की ज़ुबां ख़ामोश हो जाती हैं।

दिल की दास्तान लिखता हूँ ऐसे

ज़ख़्म पर नमक लगाता हूँ जैसे

अल्फ़ाज़ों को ढूँढता हूँ ऐसे

तितली फूलों को छूती है जैसे

महफ़िल में तुम्हें गाता हूँ ऐसे

हर एक वाह पे जान ले रहे हो जैसे।

जो भी रिश्ते मिले, टूटे ही मिले

जो भी नसीब मिले, फूटे ही मिले

अब ना तू रिश्ते पे ध्यान दे

ना नसीब पे ध्यान दे

गलती तेरी है

तू खुद पे ध्यान दे

तब नसीब और रिश्ते सब अच्छे मिलेंगे।

इश्क़ के मुरीद हैं सब

मगर इश्क़ के कद्रदान नहीं

इश्क़ के ख़्याल में डूबे हैं सब

मगर इश्क़ के लिए फुर्सत नहीं।

दिल के इतने करीब हो

मगर हाल-ए-दिल बयां नहीं कर पाते

लबों पे एक आशियाना है

मगर वहां हम रह नहीं पाते

दिल में हमेशा के लिए रह जाऊँगा मैं

क्या तुम दो कदम नज़दीकियों के बढ़ा पाओगे?

जब तक कलम में स्याही है

ख़ुशी और ग़म के भार रख देंगे

कोरे कागज के शीशे में

क्या मस्त दिखेगा

अल्फाज़ों का श्रृंगार

मगर दुनिया नशे में होगी

अल्फाज़ों के श्रृंगार में

और मैं इसमें छुपे तुम में

तू आसमाँ का चाँद

और मैं धरती का एक पत्थर

क्या तू इश्क़ की आग में जलाके

तारा बना देगा?

तेरे चेहरे के दीदार का क्या सुकून है

चाँद की चाँदनी भी इसके आगे फीकी है।

तेरे लबों से जब एहसास बोले

मेरे दिल में गुल-ए-खुशबू महके

कब से तन्हा थे मेरे अल्फाज़

जैसे आज हमसफर कोई मिले।

उन बातों को क्यों दिल पे ले

जो दिल दुखाती हों।

उन एहसासों को याद करें

जो आपके लिए संभाल के रखे हों।

मिट्टी के जिस्म में शीशे का दिल है

दुनिया पत्थर फेंकेगी

दिल को संभाल के रखना है।

पत्थर उछाला गया

तो कुछ पंछी थे

पैरों के शाखों में

वो उड़ चले आसमान की ओर

उन्हें घर से बे-घर करने का इरादा था

मगर आसमान ही उनका घर बन गया।

दो दिलों की दूरी बस प्यार के कुछ एहसास हैं

मगर बीच में नफरत का एक ज़माना पड़ता है।

शायद मैं तुम्हें तुमसे बेहतर जानने लगा हूँ

जबसे मैं खुद को खुद से ज़्यादा मिलने लगा हूँ।

मोबाइल से कहां दिल बहलता है

दिल में जब तू टहलता है

नींदों में भी पैर चलता है

ख़यालों में जब तू रहता है।

मैं आज शायरी के नशे में डूबा हूँ,

कल ये दुनिया मेरी चाहत में डूबी होगी।

अब साथी नहीं

महफ़िल चाहिए

सिर्फ महफ़िल नहीं

इसमें तू भी चाहिए

तू मुझे अपनी दुनिया में नहीं

दिल में रख

तू मुझे कल में नहीं

आज में रख

ये इश्क़ सूरज को भी बुझा दे

पर्वत को भी डुबो दे

जिसकी तस्वीर है दिल में

सिर्फ उसी को ही दिखाई दे

तेरी जिस्म के हर एक कोने में

मेरा घर हो

तू चाहे या न चाहे

तू हर पल मेरे पास हो

मैं कुछ तो ऐसा लिखूँ

उनके होठों को हंसी का बहाना मिल जाए

लंबी राहों में

चलने का सहारा मिल जाए

तुम बिन जी नहीं लगता कहीं पे।

रखता हूँ ख्यालों में तुम्हें हर पल।

आजा ख्यालों से उतर,

अपनों में अपना बन के,

मेरे दिल में ठहर।

कहीं पे भी रहो

बस तुम खुश रहना।

इस रिश्ते का कोई नाम भी न हो

बस होठों पे कभी मेरा नाम लेना।

हर कोई मेरे दिल की महफ़िल में शामिल नहीं होता,

हर कोई मेरे अल्फाज़ को हासिल नहीं होता।

ये शेर-ओ-शायरी दुनिया के लिए नहीं,

सिर्फ उनके लिए है।

काश उन्हें भी खबर होती।

तुम्हें सोच कर जितना भी लिखूँ मैं,

मेरे अल्फाज़ों में झलकती है।

तुम्हारे बारे में जितना भी लिखूँ मैं,

कहीं न कहीं कुछ न कुछ तो कमी झलकती है।

तुमसे प्यार है,

ये अल्फ़ाज़ों में बोलता हूँ,

होठों से बोलना एक ख्वाब सा है,

मैं रोज़ तुम्हें करीब रखता हूँ,

हमेशा के लिए रखूँ,

ये तेरी आँखों की साज़िश सी है।

मैं कहीं भी रहूं,

तुम मेरे साथ ही रहोगे।

आंखों से दूर हुए भी तो,

दिल के तुम हमेशा करीब ही पाओगे।

ख़ून को मैंने स्याही बनाया।

लोग इसे सिर्फ स्याही समझते हैं।

कलेजे को मैंने कागज़ पर उतारा।

लोग इसे सिर्फ कागज़ समझते हैं।

सारी दुनिया कभी चाहता था मैं

मगर अब सिर्फ तुम्हें चाहता हूँ

यह दुनिया नहीं चाहिए मुझे

सिर्फ तुम्हें चाहता हूँ मैं

दिल तो करता है,

कि तुम्हें करीब से देखूँ।

मगर दूर से देखना ही अच्छा है।

दिल तो करता है,

कि तुम्हें अपना बना लूँ।

मगर पराया सबकी आँखों में लगना ही अच्छा है।

इश्क मोहब्बत की बात हम नहीं करते।

पहले खुद से रिश्ता निभाना ही अच्छा है।

जिस रुह को जिस्म न हासिल हो

वो धरती कहाँ पता है

तेरे जिस्म के बिना भी

मेरी रुह भी बस भटकती रहती है

मैं तुम्हें हँसते हुए देखना चाहता हूँ

मैं खुद को जीते हुए देखना चाहता हूँ

उन्हें ज़िंदगी जीना आता है,

अपने हस्ताक्षर में भी,

छवि से एहसास भरना आता है।

उन्हें ज़िंदगी जीना आता है।

हमने भी तो कुछ सीखा है उनसे,

उनके मोहब्बत में।

तुमसे दूर रहते हुए भी जितनी मोहब्बत निभाई तुमसे,

काश पास होती तो नज़ारा कैसा होता।

तुम्हारी हँसी जैसी है,

काश दुनिया भी ऐसी होती।

चलो एक रोमानी नगमा गाता हूँ,

तुम्हारा नाम होठों पे लाता हूँ।

तुम्हें दिल पुकार रहा है,

ख़यालों से उतर,

मेरे दिल के हाल तू सुधार।

कब से तन्हा हूँ,

तुझे पास रखके भी,

मेरे पास हमेशा के लिए तू ठहर।

ज़िंदगी की धूप में जलती हुई

उनके बदन को,

मेरे प्यार की बारिश की

ठंडक लग जाए।

उनकी आँखों में

मेरी ज़िंदगी का बसेरा हो जाए।

और कितना लिखूं कि तुम मुझे समझ पाओ?

मुझे समझना भी क्यों है?

बस मेरे अल्फाज़ों में

याद बन के तुम हमेशा के लिए रह जाओ

तुमसे इश्क़ करने के लिए,

रोज़ शब्दों का कारोबार खोलना पड़ता है,

देखो, कितना मजबूर हूँ,

रोज़ शब्दों से काम चलाना पड़ता है।

बोलो, ऐसा क्या लिखूं

कि सबके दिल को सुकून दे जाऊं

आंखों से आंसू पोंछ कर

सबके लबों को हंसा जाऊं

तुम सिर्फ़ लफ़्ज़ हो

या मेरे लफ़्ज़ों में जान?

तुम सिर्फ़ दिल में हो

या पूरे दिल का जहाँ?

ये कैसा चाँद है

कि दिन-रात का फर्क भी समझता नहीं

आँखों में हर वक्त रहता है

मगर ये अंधेरा हटता ही नहीं

अल्फ़ाज़ को पढ़ लेता है हर कोई,

अल्फ़ाज़ को महसूस करता है कौन?

इश्क़-मोहब्बत की बातें करता है हर कोई,

इश्क़-मोहब्बत क्या है, समझता है कौन?

घर-घर खेलता है हर कोई,

घर को घर बनाता है कौन?

दिल लगाता है हर कोई,

दिल में रखता है कौन?

खून की स्याही का हर एक क़तरा भी काफ़ी नहीं,तुम्हें लिख पाने में/ 91

ये दुनिया देखी है तुमने,

यहां जीके देखो,

यह देख के नहीं,

देखने में रंगीन लगता है मगर,

यहां जीने वाले

रंगों का कारोबार चलाते हैं।

इश्क़ का तूफ़ान ऐसे आया,

ज़िंदगी की साँस साथ ले गई।

अब भटकता हूँ हवाओं के लिए,

अब हवा भी मुझे तूफ़ान लगने लगी।

अंदर ही अंदर चिल्लाता हूँ मैं

लोगों को सुनाई नहीं देता

और पूछते हैं

ख़ामोश क्यों रहने लगा।

दिल में ये एहसास अनजान आज क्यों है

अल्फाज़ों के बोझ उंगलियों पे आज क्यों है

अल्फाज़ों के बोझ उंगलियों पे मेरे पहले इतने तो ना थे

कागज पे उतारुं तो डूब जाने का डर आज क्यों है।

ज़ख़्म पे मरहम लगाने की चाह थी उनकी

ज़ख़्म पे नमक लगाकर चले गए।

हम उन को खुदा माने थे

और वो खुदा बनके ही रह गए।

हम उनके पुजारी थे

और पुजारी ही बनके रह गए।

उनकी बाँहों में सुकून मिलता था

अब ग़ज़लों में पनाह लेने लगा हूँ।

मेरे खुशियों का खजाना सब तेरा हो जाए।

तेरे ग़म का तराना बस मेरा हो जाए।

दिल रोता है खुश रहने को

और होठों पे हंसी देती भी है

रस्म-ए-ग़म छुपाने को।

दिल के जहान में

अपनों के क़ब्र हैं बहुत।

वो कभी हँसते-गाते थे

सपनों के खज़ाने भरते थे।

अब रातों को भूत बनके

नींद में जागा करते हैं।

दिल कहीं रख के

क्या ढूंढ रहे हो

ये खाली सा जिस्म लेके

बाज़ार में घूम रहे हो

दिल से ये आज एहसास-ए-महक कैसा है

मिलके भी न मिलने की अदाकारी ये कैसी है

प्यार की उम्र दो पल में बीत जाती है

बारिश को आने में तो सदियाँ लग जाती हैं

इश्क़ कोई रिश्ते का मोहताज नहीं होता।

जो रिश्ते का मोहताज होता है,

वो ज़िद होता है,

इश्क़ नहीं।

कई मौसम गुज़रे हैं

बिन गुज़रे भी गुज़रे हैं तेरे साथ।

ज़िंदगी बोझ भी लगे तो

बोझ नहीं रहेगा इन एहसासों के साथ।

सामान तो मैंने सब ख़रीद लिया,

मगर एक घर जो मैं सजा नहीं पाया।

क्यों दिया, ए दिल, ज़ख्म-ए-इश्क़

फिर भी, ये दिल, गुल-ए-इश्क़ से

खुशबू फैलाने की फितरत रखता है।

टूटे सामानों को ऐसे रहने दो

टूटे दिल पे मरहम लगने दो

अजीब सी ख़ामोशी है

अब शोर से नहीं

ख़ामोशी से डर लगता है

मेरे दिल में जब तू ना होगा,

तुझे भी रहने को घर ना होगा।

बहुतों के घर में तेरा घर होगा,

फिर भी तुझे घर की तलाश होगी।

दोस्ती बनाई नहीं जाती

किसी उम्मीद के साथ

मोहब्बत की आग जलाई नहीं जाती

किसी मौके के साथ

इश्क़ किया नहीं जाता

सुन के दुनिया की बात

इश्क़ की राह में चला नहीं जाता

मखमली राह की उम्मीद के साथ

मैं जितना किसी को टूटकर चाहूं,

उतना ही वो मुझे क्यों तोड़ जाते हैं।

मैं जितना दिल को संभालना चाहूं,

उतना ही ये क्यों बिगड़ जाते हैं।

इतनी भीड़ है शहर में,

मगर खुद को तन्हा पाता हूँ।

इतना शोर है बाहर,

मगर खामोशियों से डरने लगा हूँ।

मुझसे मत पूछो किस हाल में हूँ।

हालात जान के भी पूछते हो,

किस हाल में हूँ।

चल के देखा मैं कदम,

हर कदम पे मिला तू ही।

ठहर के देखा जहाँ भी,

हर जगह मिला तू ही।

यह जिंदगी है एक बंदर,

दुनिया जो नचाए।

मगर तू है,

इस दुनिया में,

एक सुकून का शहर।

सिर्फ फुर्सत में तुम्हें याद नहीं करता हूँ मैं

क्या फुर्सत तुमसे मिली है कभी?

जिंदा रहते कितना रुलाया

ए दुनिया वालों

मगर क़ब्र पे जितना भी रो लो

एक बार सो गया

तो मैं उठने वाला नहीं

हर कोई चल रहा है

अपनी लाश कंधों पे लेकर

हर किसी के हाथों में

खंजर है।

हर कोई चल रहा है

टूटे दिल के टुकड़े लेकर,

फिर भी वो धड़कता है,

मगर वो दिल अब कहां है?

अभी भी चल रहा हूं

तेरे प्यार का चिराग दिल में जलाए,

रात के अंधेरों से लड़ते-लड़ते।

तू भी आके तूफानों से ज़रा लड़ ले,

ताकि ये चिराग बुझ न जाए।

अंधेरों से लड़कर,

हमारी दुनिया को

रोशन करने की कोशिश करते-करते।

मंज़िल की फ़िक्र न करुँगा,

मैं तो बस चलता जाऊँगा।

लाख बाधाएँ आएँ मगर,

हिम्मत न हारुँगा।

सफ़र में कई राहें होंगी,

सफ़र में कई राहें होंगी,

मगर जिस राह पर भी चलूँ,

उसे अपने दिल से अपना लूँगा।

मगर जिस राह पर भी चलूँ,

उसे अपने दिल से अपना लूँगा।

एक तारा टूट जाने से आसमान का तारा ख़त्म नहीं होता।

एक ख्वाब के टूट जाने से ख्वाब का कारवां नहीं रुकता।

मेरे लफ़्ज़ तो प्यारे हैं ही,

मुझसे भी तो कोई प्यार करो।

मैंने हर एक घर में ठहर के देखा है,

कोई तो मुझे घर का एहसास दिलाए।

मैंने फूलों से ज़ख्म खाए हैं,

कोई तो मुझे फूलों की खूबसूरती से रुबरु कराए।

दिल में जितना प्यार होता है, उतना भारी होता है,

कोई तो इसे डूबने से बचाए।

मेरे लफ़्ज़ तो प्यारे हैं ही,

मुझसे भी तो कोई प्यार करो।

दिल के गुलशन में जो गुल सजाए थे मैंने तेरे लिए,

वो बस ज़िंदगी की किताब में यादों का सहारा बन गए।

कल जो महकता था, तन-मन को बहकाता था,

आज वो हद से ज़्यादा महकता है, सूख गया है पद,

सदा के लिए ज़िंदा रह गया है।

कहने को तो तारा आसमान में चमकता है

फिर भी कमरे के अंदर जलता है

कहने को तो तारा चाँद के करीब रहता है

मगर उनके न होने का ग़म उसे रोज़ सताता है

दिल चाहे जब

रोक पाते अगर वक़्त को

दिल दुखेगा जब

चल भी लेते वो भुला के

हमारे घाव को

ख़ामोश बैठे हो,

दिल में कुछ तो बात होगी,

जुबां से मुकर के बैठे हो।

आँखों से अगर तजुर्बा मिलता,

तो दो दुनिया दिखाती,

यह वक़्त की लहर है जो,

दुनिया का हर एक सागर दिखाती।

बिना चाँद के रात अधूरी है

बिना रात के दिन भी अधूरा है

पुराने ज़ख़्म क्यों खोदे,

जो भर सके हो।

नए ज़ख़्म क्यों लगाए,

जो बे-वजह के हों।

जो ज़िंदगी जी के,

और जीने की ख़्वाहिश न हो,

तो वो क्या ज़िंदगी है?

जो इश्क़ में हार के भी,

इश्क़ करने की चाह न हो,

तो वो क्या इश्क़ है?

जिस दर्द-ए-इश्क़ से

हुआ मैं बर्बाद,

क्या उसी दर्द-ए-इश्क़ से

हो सकता हूँ मैं आबाद?

चाँद को देखो

अपना दाग छुपा भी नहीं सकता

आसमान को देखो

हर रात चाँद को रख भी नहीं सकता

ज़िंदगी भी शायद ऐसी है

हर दिन खुशी बाँट भी नहीं सकता

काँधों पे ग़म का भार लेके चलता हूँ

कंधों जैसे जिंदगी हो मेरी

तेरी यादों का सहारा लेके चलता हूँ

बहाना क्या ये जिंदगी मेरी

नफरतों की दुनिया में

प्यार का एक तू घर बना

घर के चिराग की रोशनी से

अंधेरों की तू लंका जला

नदियों के बहने की आवाज सुनकर भी,

वह रेगिस्तान में पानी ढूंढने चला।

होता तो रेत है, मगर वह पानी समझ बैठा।

होंठों की प्यास बुझाने, नदी को छोड़ रेगिस्तान में भटकने चला।

कितनी अकेली भी हो सकती है वो दुनिया

जो रिश्ता सिर्फ दूसरों से हो।

जब निभा ले खुद का रिश्ता खुद से,

एक हसीन ज़माना मिलता है।

सपनों के बादल गरजने दो,

नीले आसमान को एक बार

जी भरके देखने दो,

उड़ान भी तो बाकी है,

एक बार उड़ान भरने तो दो।

तारों की तलाश है अब आँखों में।

अब इन अंधेरों से क्या डरना?

सूरज की आग उंगलियों में है।

अब धरती के अंदर की आग से क्या डरना?

जिसको कोई तेरी फ़िक्र नहीं,

उसके लिए क्यों बेकार ही आँसू बहाए जाएं?

ऊपर एक खुला आसमान है,

क्यों न अपनी उड़ान पर ध्यान दिया जाए?

हर एक चीज़ का हल होता,

अगर खुल के कुछ बात होती।

चाहे वो सरहद पर किसी सिपाही की जान हो,

या दिल के अंदर किसी आशिक़ का प्यार।